TYRANNOSAURUS REX
BRACHIOSAURUS
STRUTHIOMIMUS
MEGALOSAURUS
HETERODONTOSAURUS
CARNOTAURUS
DILOPHOSAURUS
CITIPATI
MICRORAPTOR
HOMO SAPIENS

DINOSAURI

I GIGANTI DELLA PREISTORIA A GRANDEZZA NATURALE

DINOSAURI

I GIGANTI DELLA PREISTORIA A GRANDEZZA NATURALE

Raimund Frey

CREALIBRI

PREFAZIONE

Fissare negli occhi un Tyrannosaurus rex? Scambiare un lungo sguardo con un Triceratops? Impossibile! Mai prima d'ora un essere umano si è trovato faccia a faccia con un vero dinosauro. Queste affascinanti creature hanno popolato il nostro pianeta per oltre 180 milioni di anni per poi estinguersi 66 milioni di anni fa, molto prima della comparsa degli esseri umani.

I resti fossili ci raccontano di come vivevano i dinosauri. Ossa, denti, scaglie, penne, impronte e persino pigmenti di colore rimasti inalterati ci rivelano informazioni sorprendenti sul loro aspetto e comportamento.

Le nostre conoscenze, tuttavia, sono frammentarie, poiché di molti sono stati ritrovati solo pochi resti. Ma ogni anno vengono scoperti nuovi fossili che, come i pezzi di un puzzle, arricchiscono e continuano a modificare l'immagine di queste impressionanti creature. Perfino durante la stesura di questo libro, nuove scoperte hanno reso necessaria la revisione di alcune illustrazioni.

I dinosauri avevano le forme e le dimensioni più disparate. Alcuni erano così piccoli da poterli rappresentare per intero perfino qui. La maggior parte di loro, però, era troppo imponente per le pagine di un libro. Perciò, è stata mostrata a grandezza naturale solo una parte del loro corpo, per esempio il muso, una zampa o la punta della coda. Il resto è stato ridotto usando la prospettiva.

Ciascun animale è illustrato di volta in volta per intero nella pagina seguente, dove ci sono anche le immagini di singole parti del corpo a grandezza naturale, per esempio il corno nasale di un Triceratops o l'artiglio di un Baryonyx.

A proposito, non tutti i dinosauri si sono estinti. Un gruppo è sopravvissuto fino a oggi: gli uccelli. Si sono evoluti da piccoli predatori preistorici e sono considerati veri e propri dinosauri!

INDICE

MEGALOSAURUS bucklandii

MEGALOSAURUS bucklandii

PROFILO

Il Megalosaurus in numeri
Lunghezza: 9 m
Peso: da 900 a 1500 kg
Epoca: Giurassico medio, 166 milioni di anni fa
Luogo di ritrovamento: Inghilterra, Europa

Aspetto
Gli scienziati ipotizzano che questo dinosauro grande e pesante non avesse penne e piume. Lo scheletro conservato è incompleto, per cui la sua raffigurazione si basa in parte su congetture.

Alimentazione
Con il suo grande corpo muscoloso, il Megalosaurus era in cima alla catena alimentare nel suo habitat dell'epoca. Era un carnivoro le cui prede preferite probabilmente includevano, oltre a specie più piccole come gli Stegosaurus, anche sauropodi più grandi, come il Cetiosaurus.

Habitat
Il Megalosaurus viveva nelle zone paludose e boscose dei delta dei fiumi nell'attuale Inghilterra, che all'epoca era costituita da tante piccole isole tropicali.

Comportamento
Esistono solo ipotesi sul comportamento sociale del Megalosaurus e di altri dinosauri predatori. La maggior parte dei reperti proviene da singoli esemplari; non si sa, quindi, se cacciasse in branco.

IMBATTIBILE?

A differenza di altri predatori, come il più recente Tyrannosaurus, il Megalosaurus aveva arti superiori relativamente lunghi. Denti simili a pugnali e artigli affilati sulle dita di tutte le zampe lo rendevano terrificante. Lo scheletro era solido e massiccio, perciò si pensa che il Megalosaurus fosse estremamente forte e robusto. Essendo in cima alla catena alimentare, si pensa che questo predatore non avesse nemici naturali.

Mandibola fossile di Megalosaurus.

INCREDIBILE

Nel 1815, a Stonesfield, in Inghilterra, furono rinvenute enormi ossa fossili, consegnate poi allo studioso William Buckland. Questi ritenne che fossero i resti di un'enorme lucertola carnivora, perciò nel 1824 diede allo scheletro il nome di "Megalosaurus", "lucertola gigante". Buckland fu quindi il primo ad attribuire un nome scientifico a un dinosauro; e il Megalosaurus fu il primo dinosauro mai descritto.

POCO STUDIATO

Sebbene il Megalosaurus sia uno dei dinosauri conosciuti da più tempo, si sa davvero poco su di lui Il motivo è che ne sono stati ritrovati solo pochi resti, alcuni dei quali sono andati poi di nuovo perduti. Le informazioni di cui disponiamo oggi si basano quindi su pochi reperti e sono state ricavate da specie affini più conosciute.

NON RICONOSCIUTO

Gli scienziati sospettano che il primo osso di dinosauro mai rinvenuto nella storia fosse in realtà il femore di un Megalosaurus. Robert Plot, uno studioso inglese, descrisse l'osso nel 1677. All'epoca si riteneva ancora che appartenesse allo scheletro di un elefante da guerra oppure che provenisse da un essere umano alto tre metri. Purtroppo oggi quel reperto non esiste più.

APPROFONDIMENTO

All'epoca in cui Megalosaurus prese il suo nome, il concetto di "dinosauria" non esisteva ancora. Occorse attendere il 1841, quando lo scienziato Richard Owen coniò la definizione e incluse nel gruppo il Megalosaurus, insieme all'Iguanodon e all'Hylaeosaurus.

CITIPATI osmolskae

PROFILO

Il Citipati in numeri
Lunghezza: 3 m
Altezza all'anca: 1,2 m
Peso: 50 kg
Epoca: Cretaceo superiore, da 81 a 75 milioni di anni fa
Luogo di ritrovamento: Mongolia, Asia

Aspetto
Il Citipati aveva una testa dalla forma bizzarra con una cresta simile a un elmo. Il corpo assomigliava a quello di uno struzzo africano ed era probabilmente ricoperto di piume. La coda era corta, gli arti inferiori lunghi e potenti.

Habitat
Il Citipati considerava casa sua la Djadochta Formation (una formazione geologica ricca di fossili) nel deserto del Gobi. Anche allora c'erano piccole oasi solitarie e ruscelli, che però si riempivano d'acqua solo a periodi.

Alimentazione
Si ritiene che il Citipati si nutrisse soprattutto di piante e piccoli animali. La mascella a forma di becco, priva di denti, presumibilmente serviva a rompere crostacei e gusci di insetti.

Prole
In un nido sono state ritrovate 22 uova oblunghe, di circa 18 centimetri di lunghezza, che insieme formavano un cerchio. Gli scienziati sospettano che i genitori covassero le uova. Forse i piccoli venivano accuditi anche dopo la schiusa e protetti dai predatori

APPROFONDIMENTO

Come ad altri animali e anche alle piante, ai dinosauri di norma vengono attribuiti nomi in latino o in greco antico. Alcuni dinosauri, tuttavia, hanno nomi asiatici. Il nome "Citipati", per esempio, deriva dal sanscrito, un'antica lingua indiana.

LADRO DI UOVA?

Il Citipati appartiene agli Oviraptoridae, che significa "ladri di uova". Il nome risale alla prima scoperta di un oviraptoride, il cui scheletro giaceva su un nido. Per molto tempo si credette con certezza che il dinosauro avesse avuto l'intenzione di rubare le uova. Solo la scoperta di un embrione dimostrò che si trattava del suo nido.

GENITORE PROTETTIVO

Molti scheletri di Citipati sono stati rinvenuti in posizione di cova. Un esemplare adulto era accovacciato sul nido pieno di uova con gli arti superiori allargati sopra di esso, come fanno oggi gli uccelli. Si presume quindi che i suoi arti fossero piumati tanto quanto quelli di uno struzzo.

Un Citipati cova nel suo nido

BARYONYX walkeri

BARYONYX walkeri

PROFILO

Profilo
Lunghezza: 7,5 m
Peso: 1,9 t
Epoca: Cretaceo inferiore, da 130 a 126 milioni di anni fa
Luoghi di ritrovamento: Inghilterra/Spagna/Portogallo, Europa

Aspetto
Quando il Baryonyx fu scoperto, nel 1983, il suo aspetto fece scalpore. Con il suo lungo muso da coccodrillo, si presentava completamente diverso da tutti i dinosauri predatori conosciuti fino ad allora.

Habitat
Il Baryonyx viveva nelle pianure paludose e allagate dell'Europa nel primo Cretaceo.

Alimentazione
Si presume che il Baryonyx fosse specializzato nella caccia ai pesci di grandi dimensioni. Tuttavia, quando se ne presentava l'occasione, mangiava anche animali terrestri e carogne (animali morti).

Comportamento
Il Baryonyx probabilmente prediligeva vivere soprattutto in prossimità di ruscelli, torrenti e specchi d'acqua. Si muoveva su due zampe, ma poteva anche appoggiarsi sugli arti anteriori.

MUSO DI COCCODRILLO

Il cranio del Baryonyx era lungo quasi un metro. Il muso stretto e piatto assomigliava a quello del gaviale, un coccodrillo oggi esistente. Inoltre, aveva una presa incredibilmente salda, che consentiva all'animale di afferrare pesci anche grandi mentre si dibattevano. Grazie al collo robusto, il Baryonyx era in grado di tirare fuori dall'acqua prede pesanti.

ZANNE

Le mascelle del Baryonyx erano dotate di 96 denti molto acuminati, a forma di cono. Con questi poteva trafiggere i pesci e catturare prede scivolose. Non era in grado, però, di fare a pezzi i corpi degli animali che catturava. Gli scienziati ipotizzano dunque che il Baryonyx li ingoiasse interi, senza masticarli.

ZAMPE DA CORSA

Il Baryonyx era un ottimo nuotatore, ma con ogni probabilità si muoveva soprattutto sulla terraferma. Il motivo di questa ipotesi è dato dal fatto che le lunghe zampe posteriori erano adatte a camminare in posizione eretta; inoltre, le narici si trovavano ai lati della testa, non sopra, come nei coccodrilli di oggi. Tra l'altro, il Baryonyx ha un famoso, grosso parente, lo Spinosaurus, che era ancora meglio adattato alla vita in acqua: aveva una coda a timone e zampe ideali per nuotare.

UN ARTIGLIO GIGANTE

Il primo reperto appartenente al Baryonyx fu un gigantesco artiglio fossilizzato lungo 31 centimetri. Quando l'animale era vivo, doveva essere molto più grande, per via di un ulteriore strato di cheratina. Le altre dita erano dotate di artigli altrettanto affilati, anche se più piccoli. Grazie ai potenti arti anteriori, il Baryonyx poteva usare gli artigli con immensa forza.

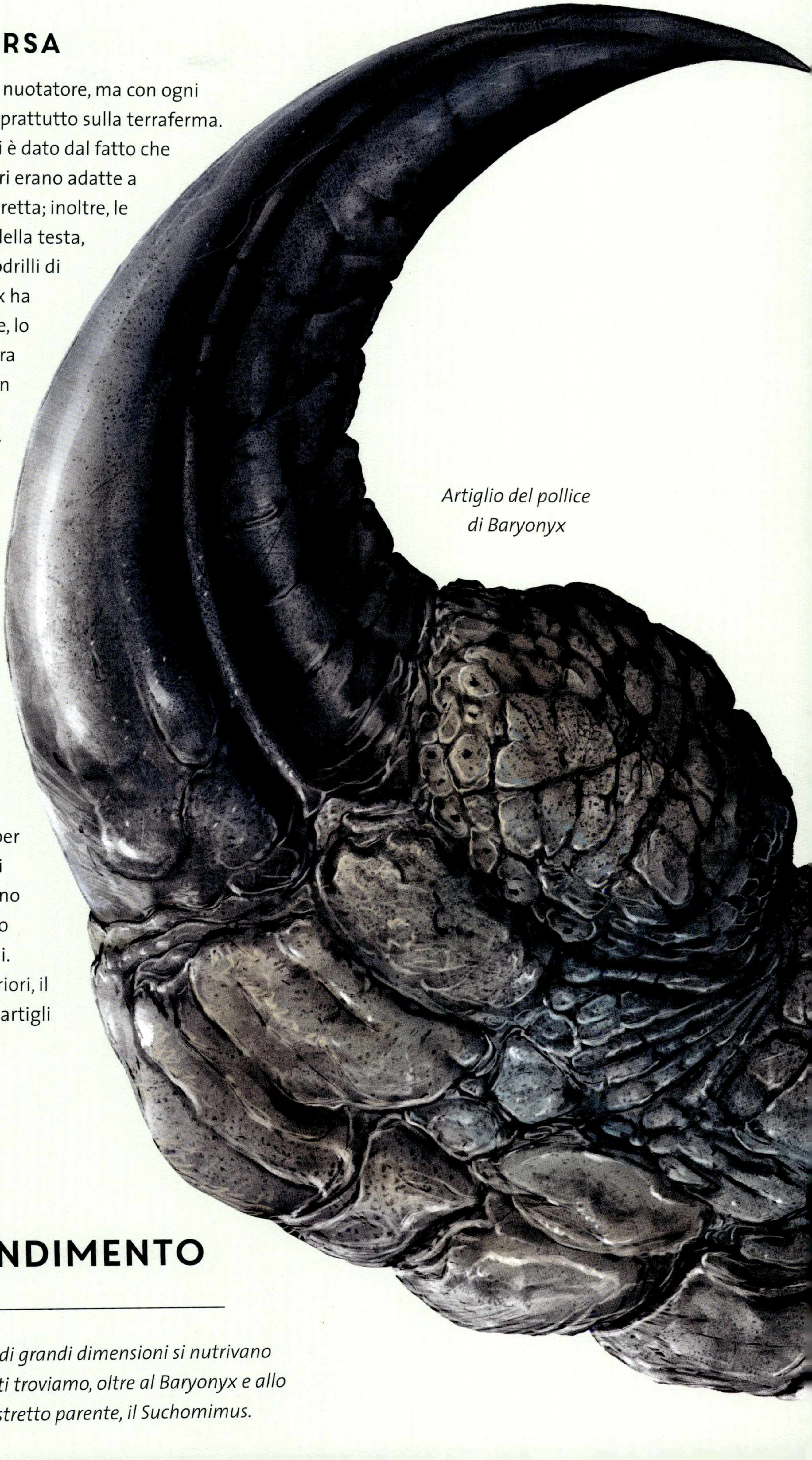

Artiglio del pollice di Baryonyx

APPROFONDIMENTO

Pochissimi dinosauri predatori di grandi dimensioni si nutrivano principalmente di pesci. Tra questi troviamo, oltre al Baryonyx e allo Spinosaurus, anche un loro stretto parente, il Suchomimus.

STRUTHIOMIMUS altus

PROFILO

Lo Struthiomimus in numeri
Lunghezza: 4 m
Altezza all'anca: 1,4 m
Peso: 150 kg
Velocità: 50 km/h
Epoca: Cretaceo superiore, da 80 a 70 milioni di anni fa
Luogo di ritrovamento: Canada, America del Nord

Aspetto
Lo Struthiomimus era un dinosauro simile allo struzzo, probabilmente coperto di penne e piume. Aveva una testa piccola, con grandi occhi, sostenuta da un lungo collo.

Habitat
Questo dinosauro si spostava nelle vaste pianure attraversate dai fiumi dell'attuale America del Nord.

Alimentazione
Gli scienziati pensano che lo Struthiomimus fosse onnivoro e usasse il suo becco corneo privo di denti per cibarsi di parti di piante e semi, ma anche di piccoli animali, molluschi e insetti.

LEGGERO E VELOCE

Le sottilissime ossa delle zampe, la corporatura leggera e la coda ossea, che favoriva l'equilibrio, facevano dello Struthiomimus un corridore incredibilmente veloce. Aveva così ottime probabilità di sfuggire ai dinosauri predatori, anch'essi velocisti provetti.

COMUNE E SOCIEVOLE

Lo Struthiomimus era un dinosauro "comune", che si spostava in grandi numeri insieme ai ceratopsi e agli ornitopodi. Questi dinosauri erbivori, molto più massicci, offrivano probabilmente una buona protezione dagli attacchi dei predatori.

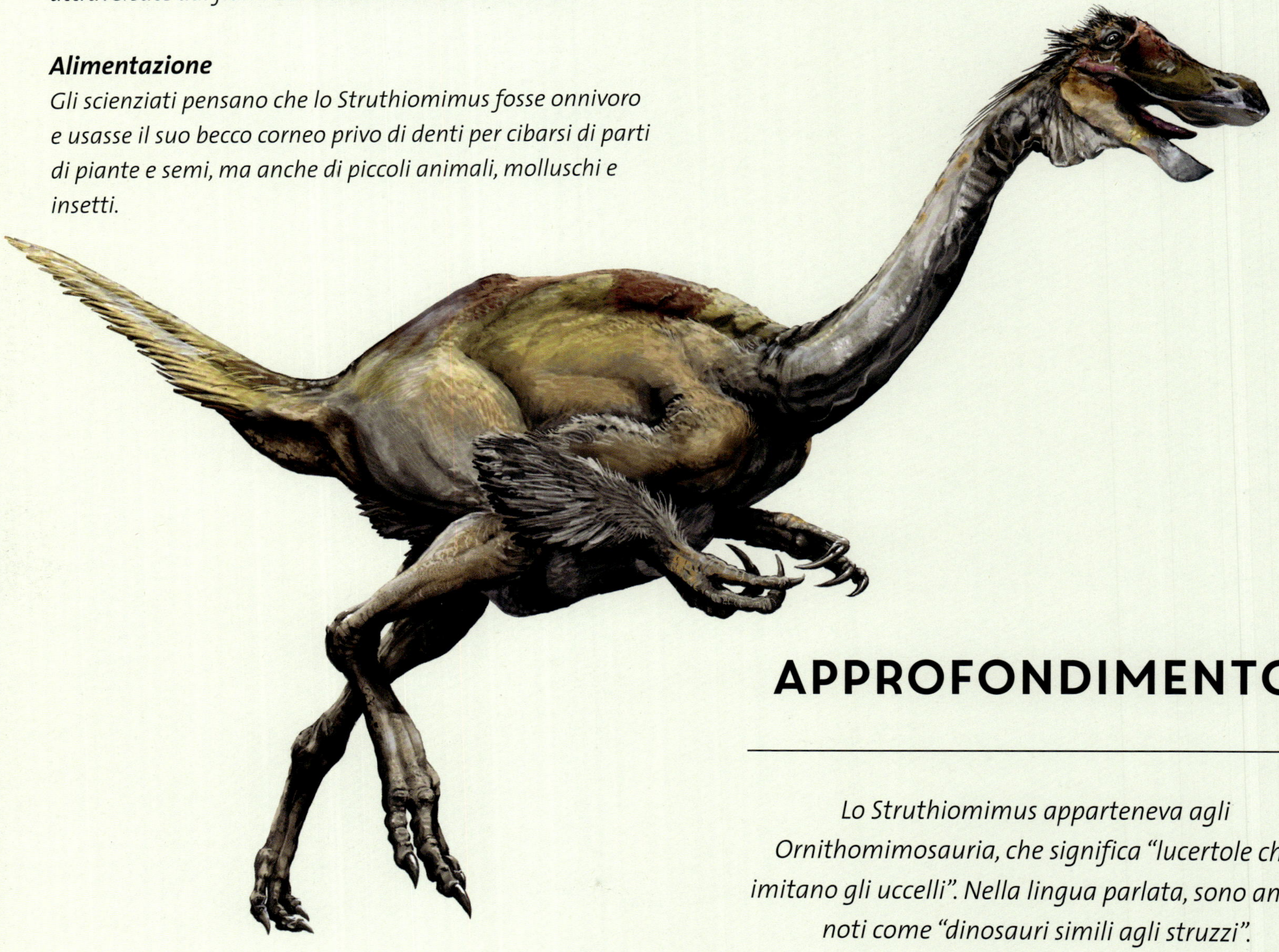

APPROFONDIMENTO

Lo Struthiomimus apparteneva agli Ornithomimosauria, che significa "lucertole che imitano gli uccelli". Nella lingua parlata, sono anche noti come "dinosauri simili agli struzzi".

CARNOTAURUS sastrei

CARNOTAURUS sastrei

PROFILO

Il Carnotaurus in numeri
Lunghezza: 9 m
Altezza: 4 m
Peso: da 1,5 a 2 t
Velocità: da 48 a 56 km/h
Epoca: Cretaceo superiore, da 72 a 70 milioni di anni fa
Luogo di ritrovamento: Sudamerica

Aspetto
Il Carnotaurus, un dinosauro senza penne e piume, era impressionante. Aveva arti inferiori poderosi, mentre quelli superiori erano minuscoli. Il muso era corto e robusto, ma la mascella inferiore era stretta. Sopra gli occhi portava due corna, da cui prende il nome.

Habitat
Il Carnotaurus prediligeva le distese ampie e pianeggianti vicine alla costa, dove poteva correre a tutta velocità.

Alimentazione
Il "toro carnivoro" si nutriva probabilmente di erbivori di medie, ma forse anche grandi dimensioni.

Comportamento
L'ipotesi di molti scienziati è che il Carnotaurus fosse un animale solitario.

ZAMPE POSTERIORI

Il Carnotaurus è considerato uno dei predatori più veloci tra i dinosauri. Il muscolo della coscia costituiva il 15% della sua massa corporea, più che in qualsiasi altro animale terrestre. Le sue potentissime zampe, insieme alla coda dotata di una solida ossatura, permettevano al Carnotaurus di compiere scatti con cui era in grado di raggiungere ogni preda possibile e immaginabile. L'unica strategia per avere una speranza di sfuggire al Carnotaurus era ricorrere a repentini cambi di direzione.

PELLE

Sorprendente: nonostante finora sia stato ritrovato solo uno scheletro di Carnotaurus ben conservato, gli scienziati hanno rinvenuto anche pelle fossile da varie parti del suo corpo. È costituita da scaglie poligonali contigue di circa cinque millimetri di diametro. Collo, dorso e coda erano profilate da una serie di placche osteodermiche simili a bottoni. Probabilmente servivano a proteggere il Carnotaurus durante i combattimenti.

APPROFONDIMENTO

Nonostante le dimensioni del Carnotaurus, i suoi arti superiori erano più piccoli delle braccia di un essere umano. Non erano particolarmente mobili.

CRANIO

Il Carnotaurus aveva un cranio molto corto e al tempo stesso alto, e un muso insolitamente tondeggiante. Su di esso, numerose spine e protuberanze conferivano al Carnotaurus un aspetto aspro e spigoloso. I piccoli occhi si trovavano in orbite dalla forma simile al buco di una serratura. Erano curvate in modo che il dinosauro potesse avere una visione tridimensionale dello spazio.

CORNA

Il Carnotaurus è l'unico predatore conosciuto tra i dinosauri ad avere grandi corna. È possibile che fossero di colori vivaci e giocassero un ruolo nella conquista del partner. È anche ipotizzabile che i maschi rivali le usassero durante i combattimenti. Come nel caso del Triceratops, le corna probabilmente erano ricoperte da uno strato di cheratina. Questo significa che potevano essere in realtà più lunghe e avere forme più strane rispetto a come sono rappresentate qui.

Corno di Carnotaurus

ARCHAEOPTERYX lithographica

PROFILO

L'Archaeopteryx in numeri
Lunghezza: 50 cm
Apertura alare: fino a 60 cm
Peso: 1 kg
Epoca: Giurassico superiore, 147 milioni di anni fa
Luogo di ritrovamento: Germania

Aspetto
L'Archaeopteryx era un dinosauro piumato delle dimensioni di un corvo, con ali arrotondate e una lunga coda di penne. Nonostante la somiglianza con un uccello, non aveva un becco, bensì una bocca dotata di piccoli denti aguzzi.

Habitat
Nel Giurassico superiore, la Germania meridionale era coperta per lo più da mari caldi e si trovava più vicina all'equatore di quanto non lo sia oggi. L'Archaeopteryx viveva lì, in un piccolo arcipelago di isole tropicali.

Alimentazione
Essendo un predatore, questo dinosauro probabilmente si nutriva di piccoli mammiferi, rettili e insetti.

Comportamento
Si pensa che l'Archaeopteryx, un po' come le nostre gazze, vivesse sia sugli arbusti sia sulla terra.

LUNGHE PENNE

Il primo scheletro fossile di Archaeopteryx fu rinvenuto nel 1861 nei pressi di Solnhofen, in Baviera. Gli studiosi rimasero di stucco quando si resero conto di avere di fronte un animale che, da un lato, aveva caratteristiche tipiche dei dinosauri, come i denti aguzzi e la lunga coda, e dall'altro, con le sue ali e penne sull'intero corpo, ricordava in tutto e per tutto un uccello. L'Archaeopteryx, nella lingua parlata, è noto come "l'uccello preistorico", che non è del tutto vero: prima di lui esistevano già uccelli veri e propri.

UN GRANDE CERVELLO

Il cervello dell'Archaeopteryx, in proporzione al corpo, era più grande di quello di molti altri dinosauri. Le aree deputate alla vista, all'udito e al controllo dei muscoli erano particolarmente sviluppate: erano requisiti fondamentali per il volo.

ALI PER VOLARE

In precedenza, gli studiosi ritenevano che l'Archaeopteryx si arrampicasse sugli alberi per poi buttarsi da essi e volare planando. Con il tempo, però, è stato dimostrato che le sue ali erano dotate di penne asimmetriche, proprio come negli uccelli di oggi. Perciò, si pensa che l'Archaeopteryx fosse in grado come minimo di svolazzare.

APPROFONDIMENTO

Nel 1860 fu scoperta per la prima volta una penna fossile. Oggi gli studiosi ritengono che appartenesse a un Archaeopteryx e ipotizzano che fosse destinata al volo.

DEINONYCHUS
antirrhopus

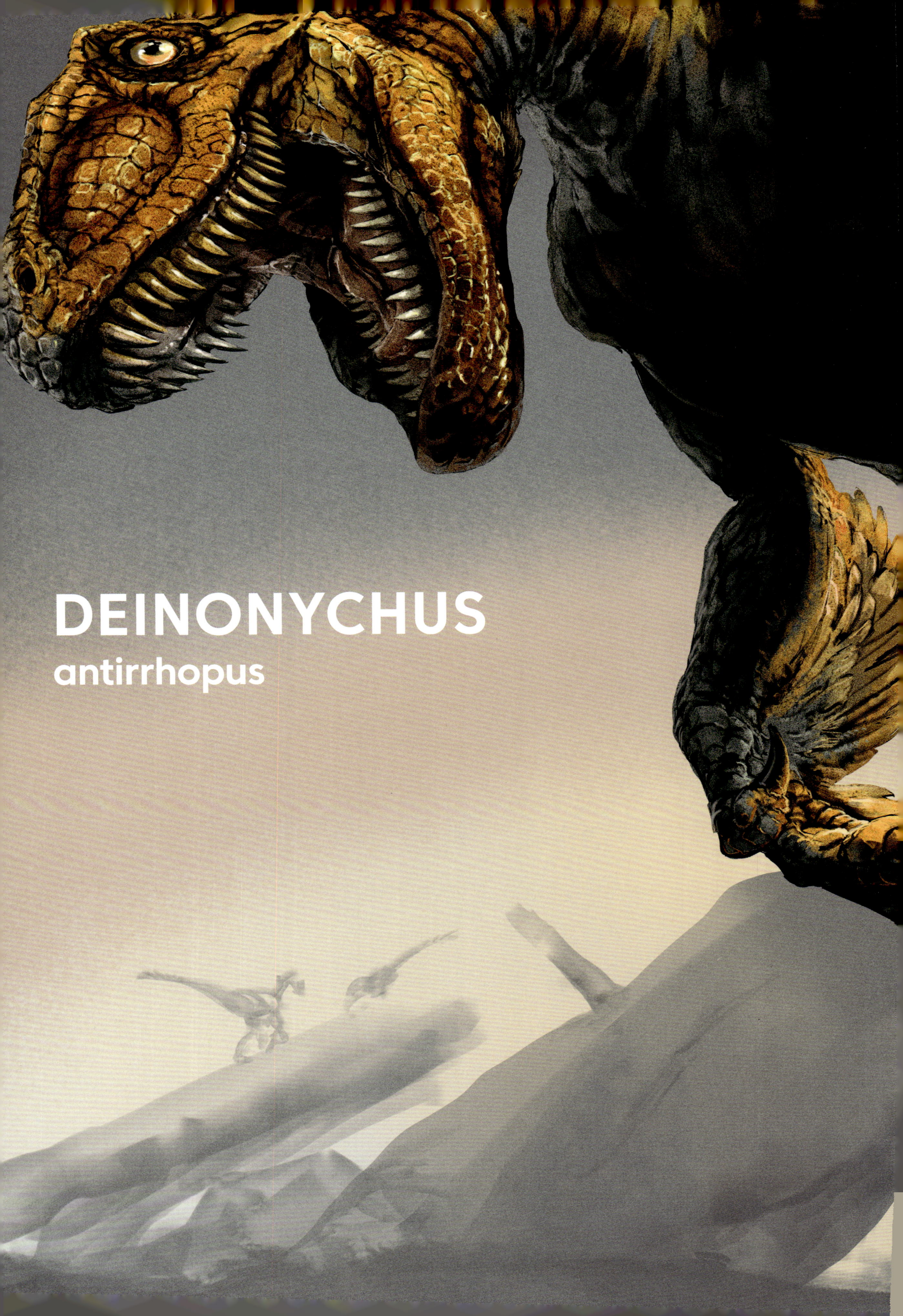

DEINONYCHUS antirrhopus

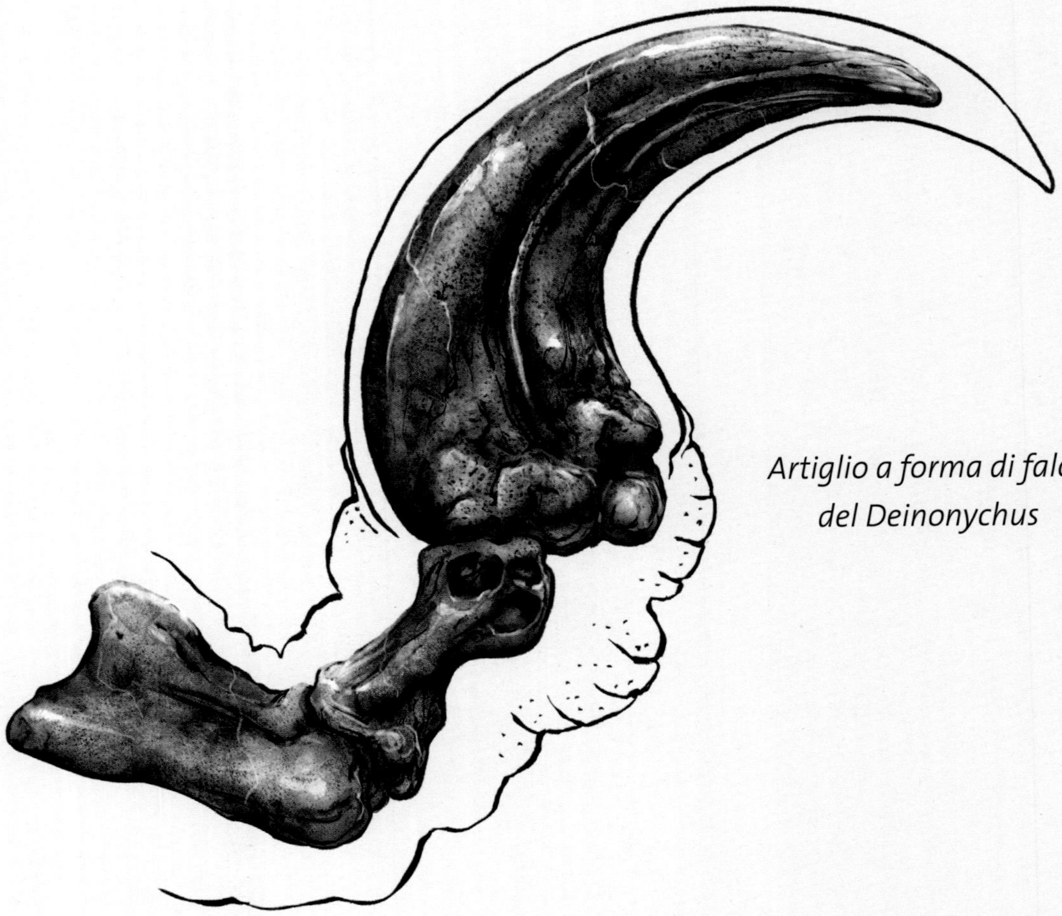

Artiglio a forma di falce del Deinonychus

PROFILO

Il Deinonychus in numeri
Lunghezza: 3,5 m
Altezza: fino a 1,70 m
Peso: fino a 70 kg
Velocità: fino a 60 km/h
Epoca: Cretaceo inferiore, da 115 a 108 milioni di anni fa
Luogo di ritrovamento: America del Nord

Aspetto
Il Deinonychus era un teropode ad andatura bipede dalla corporatura leggera, dotato di arti superiori molto lunghi e arti inferiori potenti. Nell'insieme, appariva aggraziato, elegante e agile: ribaltava l'immagine del dinosauro scomposto e pesante che era esistita fino agli anni Sessanta.

Habitat
Pianure alluvionali, paludi, foreste subtropicali, delta fluviali e lagune dell'America del Nord: questi luoghi erano la casa del Deinonychus.

Alimentazione
Come tutti i dromaeosauridi, il Deinonychus era un carnivoro. Cacciava animali più piccoli, ma attaccava anche dinosauri che lo superavano per dimensioni e peso.

Comportamento
Probabilmente il Deinonychus, come l'aquila, teneva ferme le prede a terra con gli artigli mentre le mangiava vive. Era solito cacciare da solo o in gruppi non stabili.

Prole
Gli scienziati suppongono che il Deinonychus covasse le uova. Si pensa che i genitori si prendessero cura dei pulcini dopo la schiusa, come fanno gli uccelli dei giorni nostri.

APPROFONDIMENTO

Anche i gufi e i falchi di oggi sono dotati di artigli a falce. Servono per arrampicarsi e per evitare di cadere dall'albero mentre dormono. È probabile che anche il Deinonychus e le specie a lui imparentate fossero ottimi arrampicatori.

ARTIGLI A FALCE

Il Deinonychus è noto per il suo artiglio ingrossato a forma di falce, il "terribile artiglio" da cui prende il nome. Era situato nella parte interna di ciascuna zampa posteriore. Quando il dinosauro camminava, l'artiglio non toccava il suolo ma rimaneva eretto. Contrariamente alle teorie precedenti, il Deinonychus non era in grado di squarciare le prede. Usava invece l'artiglio come un rampone per arrampicarsi sul loro corpo e poi attaccarle usando i denti.

FAUCI DA BATTAGLIA

Come nei rapaci, la testa del Deinonychus era costruita per permettergli di cacciare animali più piccoli in velocità. Il muso lungo e stretto e le potenti mascelle dotate di 70 denti affilati conferivano un'immensa forza al morso. Le "aperture craniche", ampie cavità nel teschio, riducevano il peso della testa.

UNA PRESA MICIDIALE

Il Deinonychus apparteneva ai "maniraptori", che significa "predatori che afferrano con le mani". Gli scienziati sono convinti che i lunghi arti superiori di questo dinosauro fossero fasciati da forti muscoli. Le dita terminavano con artigli ricurvi e affilati, perfettamente idonei ad afferrare e trattenere le prede.

PENNE E PIUME

Del Deinonychus non esistono reperti fossili di pelle, e non disponiamo nemmeno di prove dirette di penne e piume. Tuttavia, poiché quasi tutte le specie con lui imparentate, compreso il più "vecchio" Microraptor, erano sicuramente ricoperte di penne e piume, si presume che il Deinonychus non facesse eccezione. Il suo piumaggio probabilmente lo aiutava a mantenere l'equilibrio quando cacciava e correva.

SALTASAURUS loricatus

PROFILO

Il Saltasaurus in numeri
Lunghezza: 12 m e oltre
Peso: circa 7 t
Epoca: Cretaceo superiore, da 70 a 65 milioni di anni fa
Luogo di ritrovamento: Argentina, Sudamerica

Aspetto
Nonostante una lunghezza stimata di oltre 12 metri, il Saltasaurus rientra fra i sauropodi più piccoli. Tuttavia, con il suo corpo imponente, largo e corazzato, un collo massiccio e la coda a frusta, era comunque una creatura veramente impressionante.

Habitat
Alla fine del Giurassico, i sauropodi giganti dell'America del Nord si estinsero. I sauropodi del Sudamerica, invece, che allora era un'isola, continuarono a esistere e inizialmente rimasero gli erbivori dominanti.

Alimentazione
La dieta del Saltasaurus comprendeva felci ricche di semi, ginkgo biloba e altri alberi e arbusti di media altezza.

Comportamento
Il Saltasaurus era probabilmente un animale pacifico, che viveva in branchi di piccole o medie dimensioni.

OTTIME PROTEZIONI

Per compensare le dimensioni relativamente ridotte, il Saltasaurus aveva una protezione speciale contro i predatori: la schiena e i fianchi erano ricoperti da file di placche corazzate. Si trattava di squame grandi come il palmo di una mano, dentellate o ricoperte di spuntoni. Nello spazio che rimaneva tra loro c'erano invece placche corazzate in miniatura, grandi quanto un'unghia.

UNA CRESCITA RAPIDA

La femmina del Saltasaurus scavava con le zampe nel terreno una conca poco profonda e vi deponeva da 15 a 40 uova piuttosto piccole. Alla schiusa, i pulcini avevano all'incirca le dimensioni di un gatto e poi crescevano molto rapidamente. Un adulto arrivava a pesare oltre 3000 volte più di un piccolo.

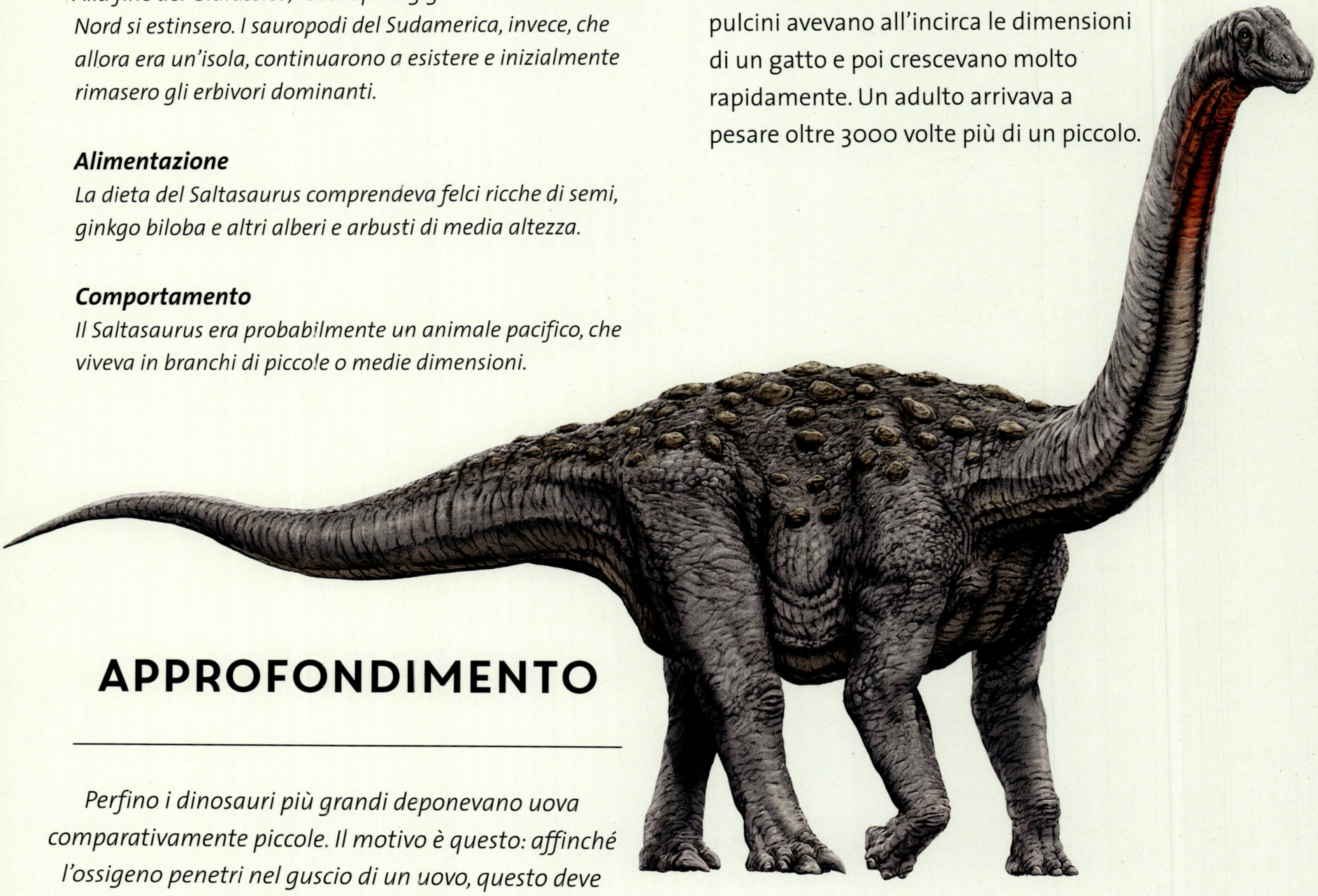

APPROFONDIMENTO

Perfino i dinosauri più grandi deponevano uova comparativamente piccole. Il motivo è questo: affinché l'ossigeno penetri nel guscio di un uovo, questo deve essere il più sottile possibile. Se l'uovo fosse molto grande e pesante, il guscio si romperebbe.

TYRANNOSAURUS rex

TYRANNOSAURUS rex

PROFILO

Il Tyrannosaurus rex in numeri
Lunghezza: fino a 13 m
Peso: circa 9 t
Velocità: circa 30 km/h
Epoca: Cretaceo superiore, da 68 a 66 milioni di anni fa
Luogo di ritrovamento: America del Nord

Aspetto
Il Tyrannosaurus rex, o Tirannosauro, aveva una statura imponente, un torace a forma di botte e un collo muscoloso. Anche le zampe posteriori erano grandi e potenti. Quelle superiori, invece, apparivano minuscole, ma erano comunque lunghe un metro e molto forti.

Habitat
Grandi foreste, pianure e valli fluviali ricoperte di boschi costituivano l'habitat del Tirannosauro.

Prole
Un piccolo appena uscito dall'uovo aveva le dimensioni di un tacchino e forse era ricoperto di un piumaggio lanuginoso, che perdeva crescendo. Rispetto all'esemplare adulto, aveva arti superiori piuttosto lunghi. All'età di 15-18 anni, il Tirannosauro raggiungeva la maturità sessuale.

Alimentazione
Tra i 14 e i 20 anni, cresceva a un ritmo incredibile e doveva mangiare enormi quantità di carne per soddisfare il suo fabbisogno energetico. Le sue prede erano i grandi erbivori, come il Triceratops.

UN CRANIO SPECIALE

Il teschio del Tirannosauro, lungo fino a 1,5 metri, era costituito da una serie di singole parti che potevano muoversi indipendentemente l'una dall'altra. Il muso, per esempio, era più mobile che in tutti gli altri vertebrati terrestri. Il Tirannosauro aveva una vista eccellente, grazie agli occhi rivolti in avanti per avere una migliore percezione della profondità (come nei leoni o nei rapaci).

PESO MASSIMO

Per molto tempo, il "T-Rex" è stato considerato il più grande predatore terrestre di tutti i tempi. Lo scheletro di un Tirannosauro chiamato "Scotty", studiato di recente, ha mostrato che poteva diventare ancora più massiccio e pesante di quanto si fosse pensato finora. Tuttavia, almeno per lunghezza, il Giganotosaurus, lo Spinosaurus e il Carcharodontosaurus lo superavano.

DENTATURA MULTIFUNZIONALE

I denti del Tirannosauro potevano raggiungere i 30 centimetri, il che li rende i più lunghi tra i dinosauri carnivori finora ritrovati. I denti anteriori afferravano la preda, quelli laterali tagliavano la carne e quelli posteriori ne spingevano i pezzi in gola. Il Tirannosauro era perfino in grado di rompere e digerire le ossa. Il morso delle sue mascelle aveva una forza di 3500 chili, che corrisponde al peso di un camper! Il Tirannosauro aveva quindi il morso più potente di tutto il regno animale.

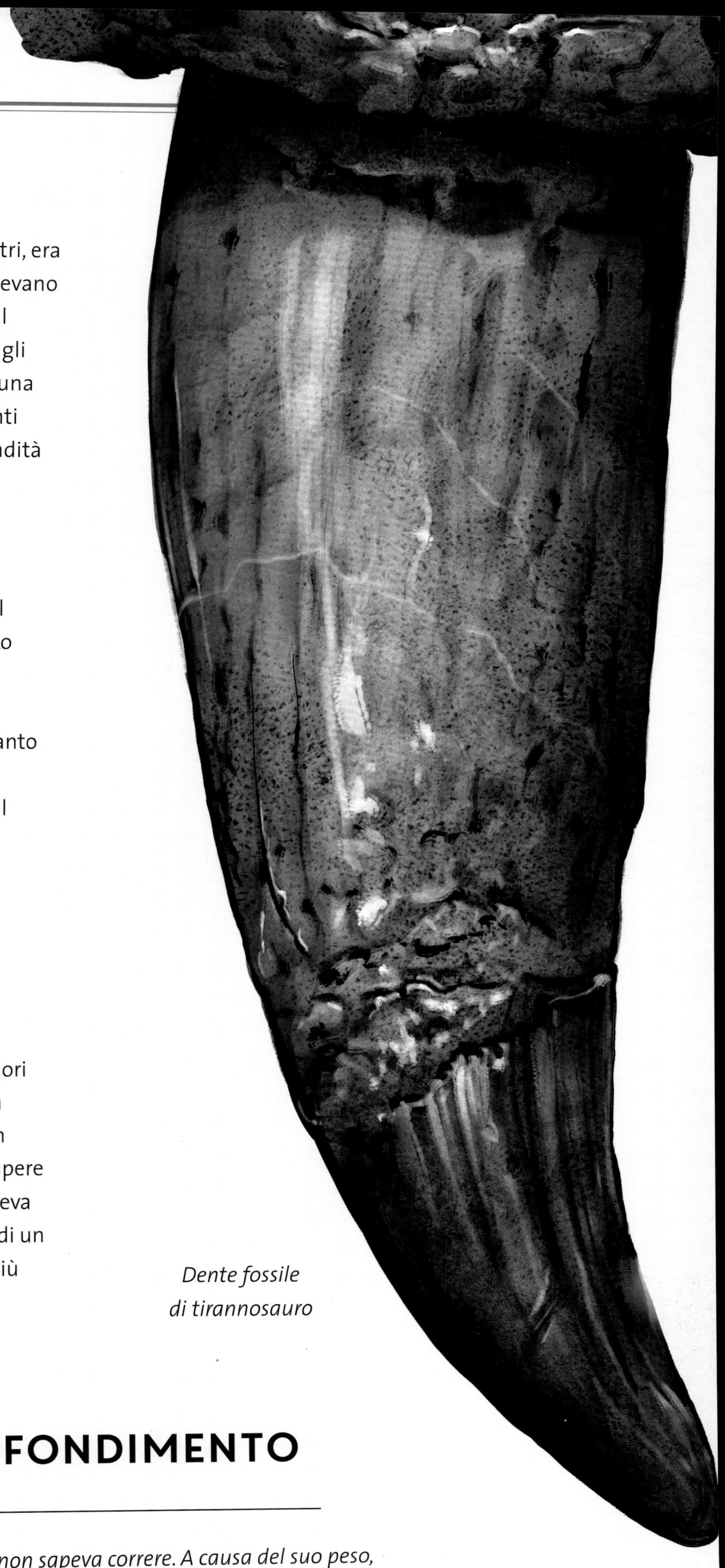

Dente fossile di tirannosauro

APPROFONDIMENTO

Il Tirannosauro adulto non sapeva correre. A causa del suo peso, un arto inferiore doveva sempre toccare il suolo. Tuttavia, poiché le sue zampe erano molto lunghe, il Tirannosauro era in grado di camminare a una velocità considerevole. Alcuni studiosi sostengono che potesse raggiungere i 20-50 chilometri orari.

MICRORAPTOR gui

PROFILO

Il Microraptor in numeri
Lunghezza: 77 cm
Apertura alare: oltre 40 cm
Peso: 1 kg
Epoca: Cretaceo inferiore, da 125 a 122 milioni di anni fa
Luogo di ritrovamento: Cina, Asia

Aspetto
Il Microraptor era un dinosauro delle dimensioni di un falco, dotato di ali su tutti gli arti. La coda era lunga e magnificamente piumata. Come il Deinonychus, il Microraptor aveva un grosso artiglio a falce sulle zampe posteriori.

Habitat
Il Microraptor è stato ritrovato nella Jiufotang Formation (una formazione geologica ricca di fossili) in Cina. La regione era paludosa e ricca di alberi quali il ginkgo biloba e il tasso, ma vi crescevano anche arbusti del genere Ephedra e l'equiseto.

Alimentazione
Il Microraptor, come tutti i dromaeosauridi, era un carnivoro che cacciava piccoli mammiferi, pesci, rettili, insetti e forse anche piccoli di dinosauro. Era solito ingoiare la preda intera, partendo dalla testa.

Comportamento
Questo cacciatore agile e scattante era forse in grado di compiere piccoli voli, o come minimo di planare. Gli artigli affilati lo rendevano probabilmente un buon arrampicatore, che spesso rimaneva sugli alberi per la maggior parte del tempo.

COME UN CORVO

Il Microraptor è uno dei pochi dinosauri di cui si conosce il colore del piumaggio. Gli studiosi hanno scoperto che questi animali erano di colore nero iridescente, un po' come i corvi o gli storni. In base all'angolo di incidenza della luce, si producevano riflessi in diverse tonalità di blu o di verde.

COME UNA LIBELLULA

Una caratteristica insolita del Microraptor è che non aveva solo due ali come gli uccelli di oggi, bensì quattro, come le libellule. Probabilmente non era davvero in grado di volare. Gli scienziati ipotizzano che si arrampicasse sugli alberi e da lì planasse in volo, oppure si gettasse in picchiata sulle prede.

APPROFONDIMENTO

Per analizzare ulteriormente le caratteristiche del volo del Microraptor e di altri dinosauri alati, gli scienziati costruiscono dei modelli di questi animali e li testano in una galleria del vento.

EUOPLOCEPHALUS

tutus

Raimund Frey

EUOPLOCEPHALUS tutus

PROFILO

L'Euoplocephalus in numeri
Lunghezza: 7 m
Peso: 2 t
Epoca: Cretaceo superiore, da 76 a 75 milioni di anni fa
Luogo di ritrovamento: America del Nord

Aspetto
L'Euoplocephalus, un anchilosauro, camminava su quattro zampe. La sua schiena era pesantemente corazzata e ricoperta di spuntoni. La coda, all'estremità, aveva un ispessimento simile a una mazza.

Habitat
L'Euoplocephalus viveva in aree dal clima secco e desertico.

Alimentazione
Come tutti gli anchilosauri, l'Euoplocephalus era un erbivoro. Con la sua statura tozza, "falciava" foglie e felci a bassa crescita. Il suo apparato digerente era perfettamente abituato a metabolizzare molte specie diverse di piante.

Comportamento
Gli studiosi ipotizzano che l'Euoplocephalus fosse solitario o vivesse in gruppi non stabili di diversi individui. Se attaccato, si difendeva con la mazza all'estremità della coda.

Occhio di Euoplocephalus con palpebra corazzata

CRANIO

La testa dell'Euoplocephalus era più larga che lunga e, come il corpo, pesantemente corazzata. Questo dinosauro era dotato di rigide palpebre rinforzate che potevano essere chiuse come delle visiere. Le ossa craniche erano estremamente solide e attraversate da numerosi canali d'aria. Sul retro della testa, l'Euoplocephalus aveva due corte corna in alto e due in basso. Con il suo cranio molto largo e spigoloso, riusciva a "falciare" le parti più dure delle piante.

CORAZZA

La schiena e i fianchi dell'Euoplocephalus erano protetti da spesse placche corazzate, dette "osteodermi". Erano disposti lungo il corpo in file a formare un'armatura permanente. Questa era in realtà un sistema molto flessibile, che non limitava in alcun modo i movimenti dell'animale. Era inoltre ricoperta di spuntoni, che offrivano a questo dinosauro un'ulteriore protezione contro i predatori affamati che incontrava sul suo cammino.

DENTI

L'Euoplocephalus aveva, sulla mascella e sulla mandibola, file di denti piuttosto piccoli. Avevano la forma di foglie seghettate e gli permettevano di sminuzzare il cibo attraverso vari movimenti. Grazie a una placca dura sul palato, questo dinosauro era in grado di respirare mentre masticava.

MAZZA

La caratteristica più conosciuta degli anchilosauri era la loro "mazza caudale". La parte posteriore della coda era infatti ossificata e rigida; alla sua estremità c'era un enorme struttura ossea che poteva essere fatta oscillare avanti e indietro come un martello. Forse quest'arma veniva impiegata contro i suoi simili durante le lotte per la difesa o la conquista del territorio. Soprattutto, però, la micidiale coda era utilizzata per difendersi dai nemici. Un solo colpo di quella pesante mazza poteva facilmente frantumare le ossa delle zampe di un predatore.

APPROFONDIMENTO

L'Euoplocephalus, con le sue due tonnellate, era più pesante di un'automobile. La sua mazza caudale da sola pesava circa 20 chili, più di un bambino di cinque anni. Questo lo rendeva in realtà un peso piuma tra gli anchilosauri: ce n'erano altri che arrivavano a pesare anche quattro volte tanto.

TRICERATOPS prorsus

TRICERATOPS prorsus

PROFILO

Il Triceratops in numeri
Lunghezza: 9 m
Peso: da 6 a 12 t
Epoca: Cretaceo superiore, da 67 a 65 milioni di anni fa
Luogo di ritrovamento: America del Nord

Aspetto
Il Triceratops era un quadrupede dell'ordine degli ornitischi. Il nome deriva di tre corni che aveva sul muso: due, lunghi, sopra l'arco sopraccigliare e uno, corto, sopra il naso.

Habitat
Questo massiccio dinosauro era solito aggirarsi nelle pianure attraversate dai fiumi e nelle zone boschive ricche di specie vegetali diverse, come conifere, palme e cicadee.

Alimentazione
Grazie al becco corneo e ai potenti muscoli masticatori, il Triceratops era in grado di sminuzzare piante e vegetali duri. Quando i denti si consumavano, ne ricrescevano di nuovi. Nel corso della sua vita, dunque, utilizzava fino a 800 denti.

Comportamento
Il Triceratops è spesso raffigurato come un animale che viveva in mandrie, come i bisonti di oggi. Di fatto, però, in ogni sito archeologico non sono mai stati rinvenuti scheletri di più di tre individui. Perciò, è possibile che vivessero anche da soli o si spostassero in famiglie o piccoli gruppi.

Prole
I piccoli avevano corna e scudi ossei sul collo molto piccoli e un muso più corto rispetto agli adulti. All'età di un anno erano lunghi poco meno di un metro.

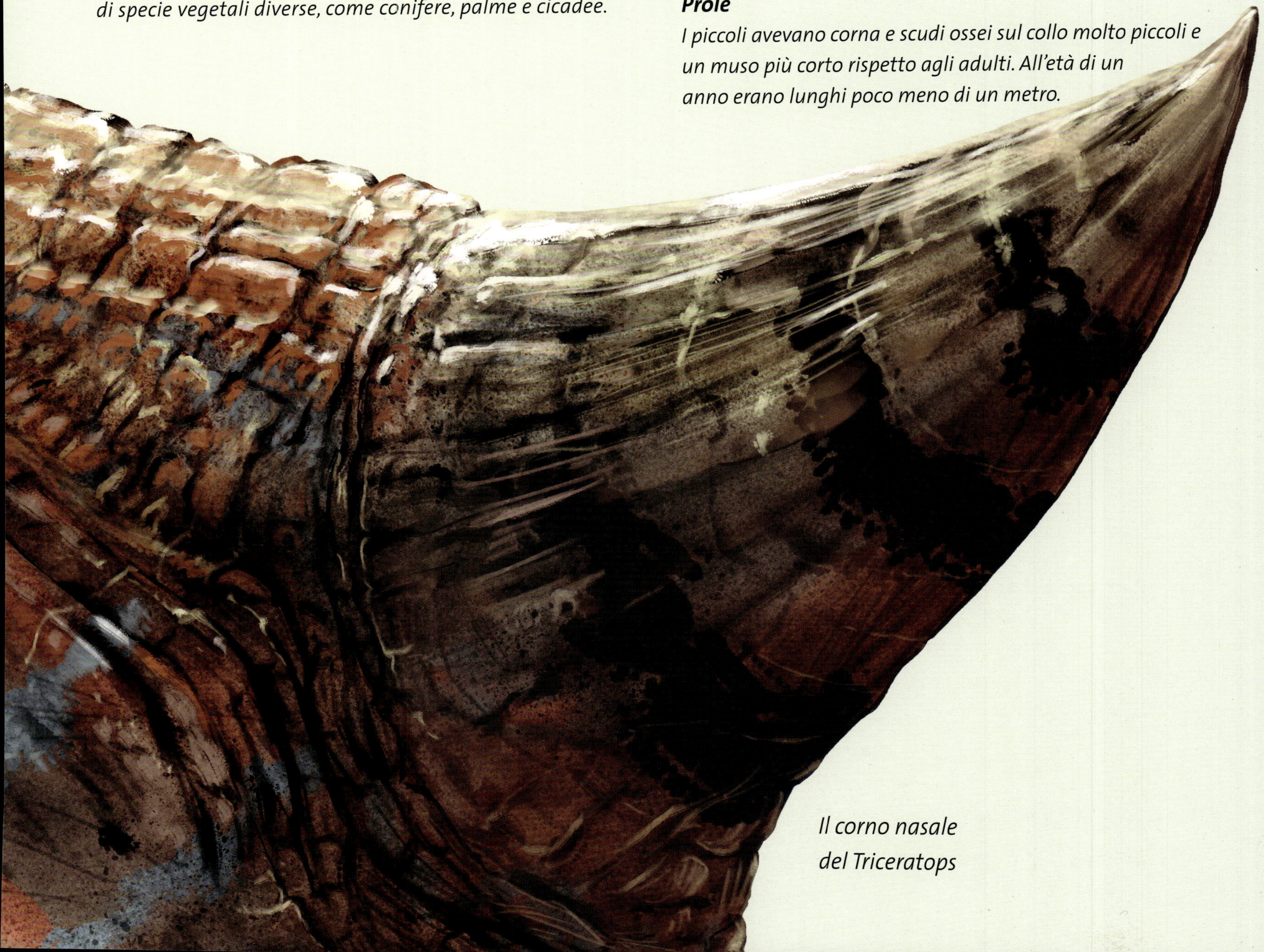

Il corno nasale del Triceratops

APPROFONDIMENTO

La cheratina, il materiale che ricopriva le corna e lo scudo sul collo del Triceratopo, costituisce anche i becchi, le squame, le penne e le corna degli animali di oggi, nonché i capelli e le unghie degli umani.

CORNA ENORMI

I due corni del Triceratops, lunghi oltre un metro, erano costituiti da un perno osseo collegato al cranio e da un rivestimento di cheratina. Negli animali più giovani puntavano verso l'alto, in quelli più anziani erano rivolti in avanti. Le corna servivano sicuramente per difendersi dai predatori, come il Tyrannosaurus, ma soprattutto nelle lotte con i propri simili per motivi territoriali.

UN CRANIO IMPONENTE

Il cranio del Triceratops è uno dei più imponenti del regno animale: poteva raggiungere i 2,5 metri di lunghezza. Come le corna, è possibile che fosse anch'esso ricoperto di cheratina. L'enorme becco appuntito aveva la forma di quello di un pappagallo e serviva a "falciare" le parti più dure delle piante. Forti muscoli mascellari aiutavano la masticazione.

MOLTE PUNTE

Una caratteristica tipica del Triceratops era il collare osseo intorno al collo, che in giovane età era orlato di denti cornei. Probabilmente fungeva da contrappeso per l'immensa testa e le corna. Gli scienziati ipotizzano che avesse colori vivaci e svolgesse dunque una funzione importante per il corteggiamento, le lotte territoriali e per spaventare i nemici.

CICATRICI

I combattimenti fra Triceratops e Tyrannosaurus sono leggendari. Non cessano mai di affascinarci, nei film e nei libri. Si presume che non fossero eventi di tutti i giorni. Tuttavia, alcuni fossili di Triceratops mostrano tracce di corna staccate a morsi e ferite estese, profonde fino all'osso, a riprova degli scontri tra questi giganti.

HETERODONTOSAURUS tucki

PROFILO

L'Heterodontosaurus in numeri
Lunghezza: da 100 a 175 cm
Altezza: 50 cm
Peso: da 2 a 10 kg
Epoca: Giurassico inferiore, da 200 a 190 milioni di anni fa
Luogo di ritrovamento: Sudafrica

Aspetto
Il corpo di questo piccolo dinosauro dalla testa triangolare, dal tronco corto e dalla coda lunga e flessibile era probabilmente ricoperto di aculei simili a rachidi (la parte interna delle penne degli uccelli).

Habitat
Ai tempi dell'Heterodontosaurus, nell'area dell'attuale Sudafrica, prevaleva un clima desertico.

Alimentazione
Gli scienziati ritengono che l'Heterodontosaurus fosse un erbivoro o un onnivoro. La sua dieta consisteva principalmente di piante. Tuttavia, è ipotizzabile che a volte si cibasse anche di piccoli animali.

Comportamento
Si sa poco di come viveva l'Heterodontosaurus. Gli studiosi ipotizzano che si spostasse in gruppo e cercasse la compagnia dei suoi simili.

MISTERIOSO

Sulla parte anteriore della mascella, l'Heterodontosaurus aveva un becco simile a quello delle tartarughe. Questo dinosauro aveva tre tipi di denti: incisivi per staccare le piante, molari per masticare e lunghe zanne che lasciano gli studiosi ancora perplessi. Forse le usava occasionalmente per cacciare; ma è anche possibile che le impiegasse per scavare nel terreno duro o nei termitai.

ROBUSTO

Gli arti anteriori erano appena più corti di quelli posteriori e molto robusti. Le zampe anteriori, grandi quasi come le mani di un essere umano, avevano cinque dita. Grazie a esse, l'Heterodontosaurus poteva tirare verso di sé le piante che preferiva, ma anche aprirsi un varco nel fitto sottobosco.

APPROFONDIMENTO

Le zanne sono presenti soprattutto nei carnivori, a cui denti così grandi servono per cacciare. Tuttavia, anche alcuni erbivori, per esempio i cervi, presentano zanne in bocca che usano durante le lotte per la difesa o la conquista del territorio.

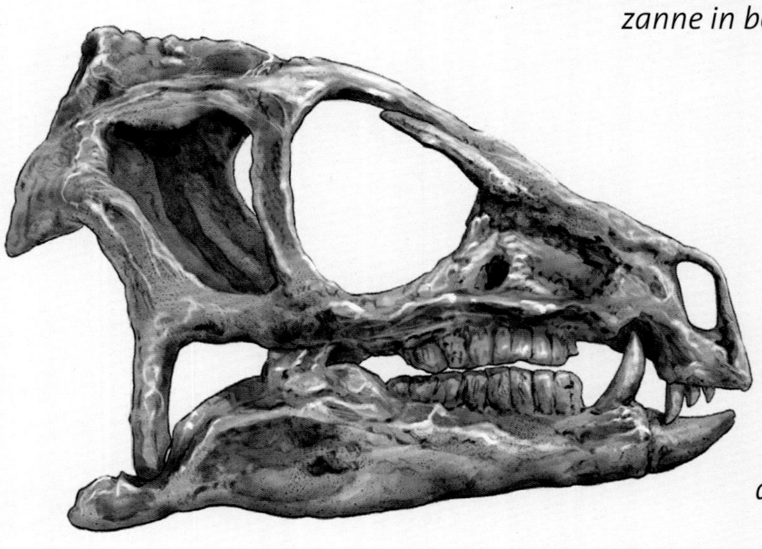

Teschio fossile dell'Heterodontosaurus

BRACHIOSAURUS altithorax

BRACHIOSAURUS altithorax

PROFILO

Il Brachiosaurus in numeri
Lunghezza: da 25 a 27 m
Altezza: 13 m
Peso: da 28 a 58 t
Epoca: Giurassico superiore, da 154 a 153 milioni di anni fa
Luogo di ritrovamento: America del Nord

Aspetto
Come tutti i sauropodi, il Brachiosaurus aveva un collo lunghissimo e zampe simili a colonne. La coda, invece, era piuttosto corta in confronto al resto del corpo. Il nome "Brachiosaurus" deriva dal latino "brachium", che significa "braccio", e si riferisce alle zampe anteriori, che erano più lunghe di quelle posteriori.

Habitat
Questo gigantesco dinosauro prediligeva le ampie pianure vicino ai fiumi e i bassopiani boscosi ricchi di alberi ad alto fusto e piante verdi.

Alimentazione
Essendo un erbivoro, il Brachiosaurus strappava con i denti foglie e aghi dai rami: fino a 400 chili al giorno.

Comportamento
Questi animali vivevano in mandrie che si spostavano di territorio in territorio in cerca di cibo. Gli esemplari adulti proteggevano i piccoli dai predatori.

UN COLLO MUSCOLOSO

Il collo del Brachiosaurus viene spesso raffigurato come molto sottile e allungato. Alcuni paleontologi, tuttavia, sono convinti che fosse tenuto in orizzontale. L'opinione più diffusa, però, è che fosse flessibile, il che gli consentiva dunque di assumere posizioni diverse. È anche probabile che il collo non fosse sottile, bensì "imbottito" di spessi muscoli e tessuti.

APPROFONDIMENTO

Si stima che il Brachiosaurus fosse lungo e pesante almeno quanto due pullman uno dietro l'altro. Se oggi fosse vivo, non farebbe fatica a sbirciare dalla finestra di un appartamento al quarto piano di un condominio.

NARICI

Un tempo, gli studiosi ritenevano che il Brachiosaurus avesse le narici in alto sulla fronte. Tuttavia, è più probabile che fossero collocate sulla parte anteriore del muso, come nella maggior parte degli animali. Anche l'idea di alcuni paleontologi che quest'imponente dinosauro potesse avere una proboscide, come gli elefanti, è stata oggi confutata. Gli scienziati sono invece convinti che il Brachiosaurus presentasse una sorta di guaina cornea che rivestiva i denti, simile a quella dei nostri uccelli.

SASSI NELLO STOMACO

Poiché il Brachiosaurus non era in grado di masticare con i suoi denti a cucchiaio, inghiottiva dei sassolini chiamati "gastroliti" che finivano nello stomaco e contribuivano a sminuzzare le fibre vegetali dure.

PIEGHE DELLA PELLE

Il lungo collo del Brachiosaurus svolgeva probabilmente una funzione anche nella ricerca del partner, oltre che per spaventare i predatori. È possibile che il Brachiosaurus e le specie con esso imparentate fossero dotati di giogaie colorate (pieghe di pelle e tessuto adiposo), sacchi laringei, corone con spine acuminate o altre caratteristiche impressionanti.

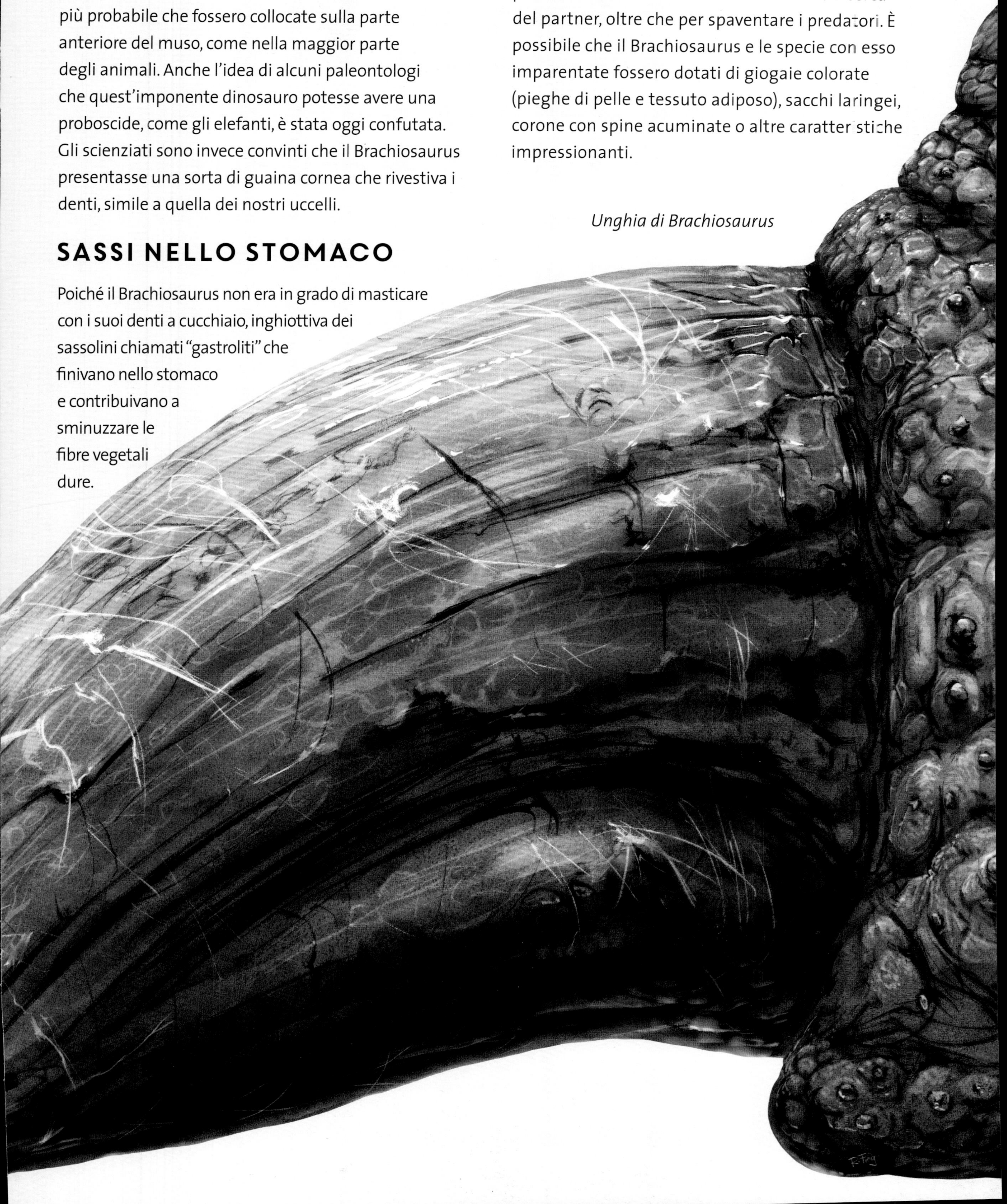

Unghia di Brachiosaurus

DILOPHOSAURUS wetherilli

DILOPHOSAURUS wetherilli

PROFILO

Il Dilophosaurus in numeri
Lunghezza: 7 m
Peso: 750 kg
Epoca: Giurassico inferiore, 193 milioni di anni fa
Luogo di ritrovamento: America del Nord

Aspetto
Tra i dinosauri, il Dilophosaurus è stato uno dei primi predatori di grandi dimensioni. Aveva un collo flessibile, una corporatura robusta e un cranio coronato da due creste. Gli arti superiori e inferiori erano muscolosi e dotati di artigli molto affilati. È possibile che il corpo del Dilophosaurus fosse ricoperto di protopenne.

Habitat
Gli scienziati ritengono che il Dilophosaurus si spostasse in habitat simili a quelli degli orsi bruni di oggi. Viveva in aree ricche di vegetazione nelle vicinanze di grandi specchi d'acqua.

Alimentazione
Il Dilophosaurus era un potente carnivoro, in grado di abbattere anche dinosauri di grandi dimensioni come il Sarahsaurus.

Comportamento
Non si sa se il Dilophosaurus fosse solitario o vivesse in branco. Secondo una traccia fossile, era in grado di riposare in posizione accovacciata, un po' come gli struzzi di oggi. Ossa fossili con numerosi segni di ferite e di malattie superate sono la dimostrazione che il Dilophosaurus doveva essere davvero duro a morire.

APPROFONDIMENTO

Il Dilophosaurus è rappresentato molto spesso nell'atto di alzare un collare e sputare veleno. Questa rappresentazione risale al film "Jurassic Park" del 1993. I produttori si erano presi delle libertà artistiche poi adottate anche da altri. Non ci sono prove della presenza del collare e del veleno.

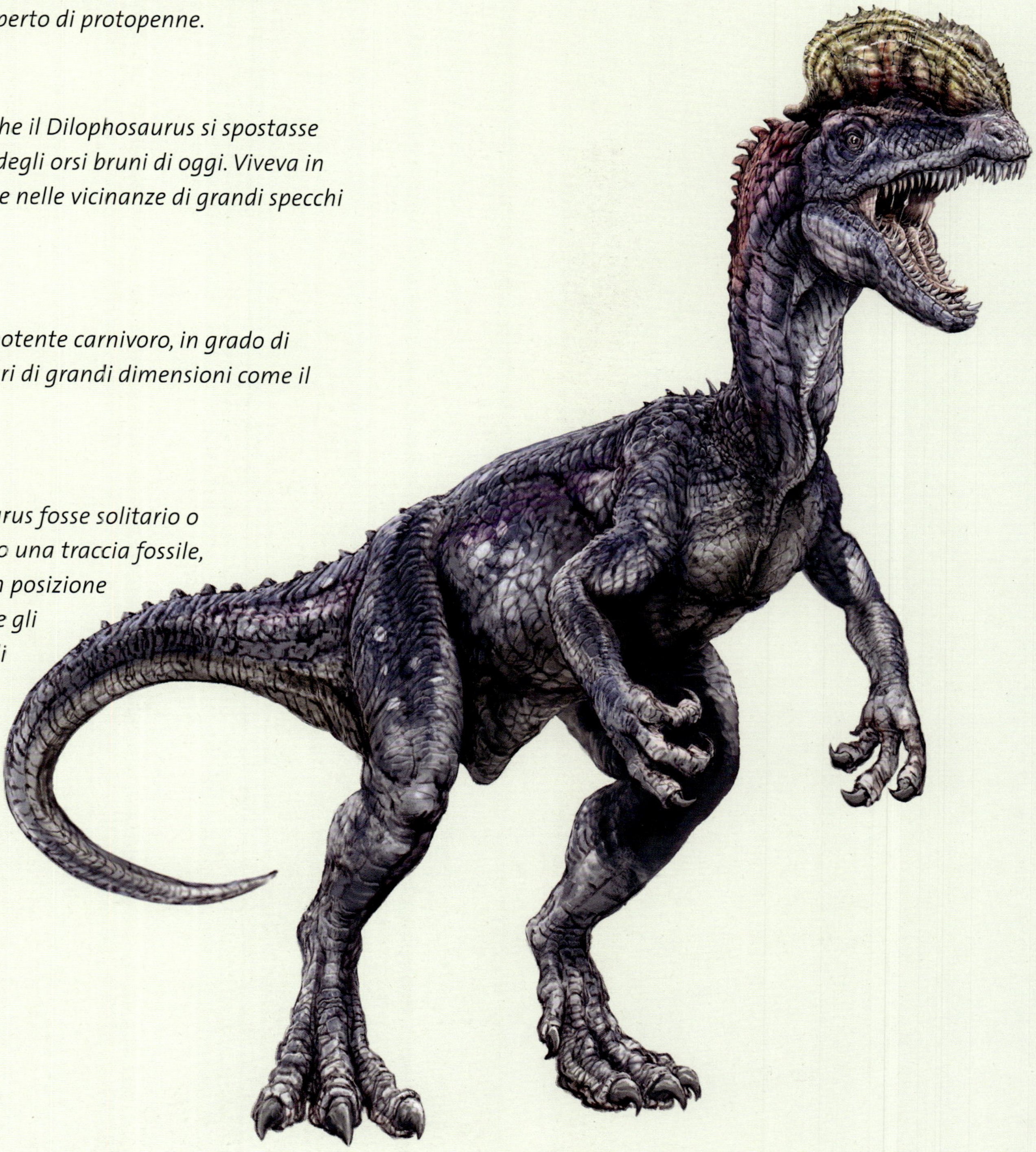

PREDATORE

Il Dilophosaurus aveva vertebre cave e molto leggere, che lo rendevano un corridore veloce e un ottimo nuotatore. Le sue mascelle dai lunghi denti costituivano la struttura portante di muscoli molto forti. Il Dilophosaurus era in grado di sopraffare persino erbivori di grandi dimensioni. È anche possibile che, come un gigantesco airone, andasse a caccia di grandi pesci nei fiumi.

RE

Il tratto distintivo del Dilophosaurus era la doppia cresta, che si ergeva sulla sua testa come una corona. In passato si pensava che quella cresta fosse leggera e molto sensibile. Tuttavia, recenti scoperte hanno dimostrato che era grande, spessa e solida, simile a quella dei bucerotidi e dei casuari. Forse serviva per la termoregolazione, permetteva di emettere versi molto forti oppure aveva magnifici colori per attirare i partner.

ULTRALEGGERO?

I ricercatori hanno scoperto che alcune ossa e anche la cresta di Dilophosaurus erano attraversate da numerose piccole sacche d'aria. Come nelle pellicole da imballaggio, proteggevano le ossa e le rendevano leggere e allo stesso tempo solide. Senza queste sacche d'aria, il Dilophosaurus non avrebbe potuto crescere fino a raggiungere quelle dimensioni.

Zampa di Dilophosaurus

PRONTO ALL'APPLAUSO?

Come gli uccelli di oggi, il Dilophosaurus non era in grado di muovere i palmi delle zampe anteriori verso l'interno o verso l'esterno. Si ritiene generalmente che i palmi dei teropodi non fossero rivolti verso il basso, come mostrato in molte immagini, ma l'uno verso l'altro, come se stessero battendo le mani.

GLOSSARIO

Anchilosauro indica un gruppo di dinosauri erbivori quadrupedi. La caratteristica che li accomuna è una corazza rigida formata da placche ossee. Molti anchilosauri avevano anche spuntoni sulla schiena e sui fianchi e una sfera ossea all'estremità della coda. Alcuni anchilosauri tra i più conosciuti sono l'Edmontonia, l'Euoplocephalus e l'eponimo del gruppo, l'Ankylosaurus.

Arcipelago si riferisce oggi genericamente a un gruppo di isole nel mare e alle acque che le separano. Nell'antichità la parola indicava in maniera specifica le isole del Mar Egeo tra la Grecia e l'Asia Minore.

Carnivori, anche detti "zoofagi": si indicano così gli animali, le piante e i funghi che si nutrono prevalentemente di carne.

Ceratopsia si riferisce a un gruppo di dinosauri erbivori quadrupedi vissuti alla fine del Cretaceo, gruppo che ha raggiunto una grande varietà di specie. Molti ceratopsi crescendo diventavano esemplari di dimensioni considerevoli. Le loro caratteristiche più evidenti erano le diverse corna, le protuberanze ossee poste al di sopra degli occhi e sul muso, e un impressionante scudo osseo che si sviluppava intorno al collo. I ceratopsi più conosciuti sono il Triceratops, lo Styracosaurus e il Pachyrhinosaurus.

I **dromaeosauridi** sono un gruppo di dinosauri bipedi di piccole dimensioni che fanno parte dei dinosauri predatori. I loro tratti caratteristici sono l'artiglio a forma di falce sulle zampe posteriori e la coda dalla solida ossatura. In quasi tutti i reperti vi sono prove che gli animali erano piumati; alcuni, come il Microraptor, erano in grado di volare. Alcuni dromaeosauridi potrebbero aver avuto un morso velenoso come i varani di Komodo di oggi. I rappresentanti più noti di questo gruppo sono il Velociraptor, il Deinonychus e l'Utahraptor. Gli uccelli oggi esistenti si sono evoluti proprio dai dromaeosauridi.

Fossile, dal latino "fossĭlis" (= "ottenuto scavando"), si riferisce a tutte le prove di vita passata nella storia della Terra, risalenti a più di 10.000 anni fa. La parola non indica solo i "fossili corporei", come per esempio ossa, steli e altre parti di animali e piante, ma anche le "tracce fossili", quali impronte, gusci d'uovo ed escrementi. I fossili possono presentarsi sotto forma di reperti pietrificati, mummificazioni nel ghiaccio e fossilizzazioni nell'ambra.

Le **formazioni geologiche** sono unità di roccia costituite da uno o più strati specifici. Le formazioni più conosciute contenenti fossili di dinosauri includono la Hell Creek Formation e la gigantesca Morrison Formation nell'America del Nord, l'Ischigualasto Formation in Sudamerica, la Elliot Formation in Sudafrica, la Yixian Formation in Asia e il giacimento di Solnhofen in Germania.

Un **gruppo** o **taxon** riunisce organismi viventi con caratteristiche comuni. Esistono diversi nomi per i vari sottolivelli di un gruppo, quali "famiglia", "genere" o "specie". Per esempio, la specie "Triceratops prorsus" appartiene al genere "Triceratops", che fa parte della famiglia "Ceratopsidae".

Gli **erbivori** sono animali che si nutrono di piante.

Il **Mesozoico**, chiamato anche Medioevo terrestre, è un'era geologica iniziata circa 251,9 milioni di anni fa e terminata circa 66 milioni di anni fa. È suddiviso in tre periodi: Triassico, Giurassico e Cretaceo. I dinosauri si sono evoluti dai rettili durante il Triassico e si sono estinti alla fine del Cretaceo. Solo uno dei loro gruppi, gli uccelli, è sopravvissuto fino a oggi.

GLOSSARIO

Dinosauri non aviani, gli uccelli dei giorni nostri si sono evoluti da piccoli dinosauri predatori. Pertanto, appartengono ancora oggi ai dinosauri. Tuttavia, per semplicità, di norma si preferisce considerarli un gruppo a sé stante, separato dai dinosauri, che quindi sono chiamati "dinosauri non aviani".

Gli **onnivori** sono animali che "mangiano tutto": sono cioè animali la cui dieta è costituita sia da carne che da vegetali.

Gli **osteodermi**, "placche di pelle e di ossa", si trovano nei dinosauri, nei rettili, negli anfibi e negli armadilli, l'unico gruppo di mammiferi. Sono parti ossee della pelle che (come il carapace dell'Ankylosaurus) servono all'animale per proteggersi o (come nel caso degli spuntoni sulla coda dello Stegosaurus) per difendersi attivamente durante i combattimenti.

La **paleontologia** è la scienza dei fossili, cioè degli esseri viventi delle ere geologiche passate.

Le **protopenne** sono i precursori delle penne "vere", presenti negli uccelli di oggi, ma anche in dinosauri come l'Archaeopteryx. Si sono sviluppate nei teropodi predatori e allora assomigliavano a peli e piume. Il più antico dinosauro dotato di protopenne che sia mai stato ritrovato è il Sinosauropteryx. Le protopenne e le protopiume servivano peraltro a formare un piumaggio che fungeva da isolante termico, in modo che dinosauri come il Cryolophosaurus fossero in grado di colonizzare perfino le regioni artiche.

Raptor è una parola latina che significa "predatore" o "rapace". Nella cultura popolare, basata sul film *Jurassic Park*, i dromaeosauridi, in particolare i Velociraptor, sono chiamati proprio "raptor".

I **sauropodi**, "piede di lucertola", sono un gruppo di dinosauri giganti con il corpo a forma di botte e code e colli molto lunghi. Tra i sauropodi più noti vi sono il Brontosaurus e il più grande dinosauro finora scoperto, il Patagotitan.

Teropodi, ovvero "piede di bestia", è il nome dato a un gruppo di dinosauri bipedi, per la maggior parte carnivori. Alcuni dei rappresentanti di questo gruppo erano piuttosto piccoli, come per esempio il Microraptor, che aveva le dimensioni di un corvo. Tra i teropodi più grandi c'era il Carcharodontosaurus, che aveva una lunghezza totale di 15 metri. Nel gruppo rientrano anche gli uccelli tuttora esistenti, che si sono evoluti durante il Giurassico da teropodi non volanti.

RAIMUND FREY,

nato nel 1982 a Isny Im Allgäu, fin da quando era piccolo disegnava animali con grande entusiasmo e amava decorare la sua stanza con immagini di dinosauri. Dopo il diploma, ha studiato Design della comunicazione presso la Fachhochschule für Gestaltung (Accademia tecnica di scienze applicate al design) di Mainz per poi avviare un'attività in proprio.

Oggi Raimund Frey lavora come illustratore, autore, designer della comunicazione e graphic recorder per diverse agenzie, case editrici e aziende. Continua a collezionare dinosauri di plastica.

La passione di Frey per gli animali, in particolare per i dinosauri, si riflette nelle sue illustrazioni ed è contagiosa, per i bambini così come per gli adulti.

CREALIBRI è un marchio EDICART Style
Via Jucker, 28 - Legnano (MI) - Italia
Titolo originale: *Leben Gross - Dinosaurier*
Testi e illustrazioni di *Raimund Frey*
Traduzione dall'inglese di *Beatrice Mereghetti*

www.edicart.it

ARCHAEOPTERYX
TRICERATOPS
SALTASAURUS
DEINONYCHUS
EUOPLOCEPHALUS
BARYONYX